TIME
FOR KIDS

INCREÍBLE PERO REAL

Anatomía gruesa

Timothy J. Bradley

Consultores

Timothy Rasinski, Ph.D.
Kent State University

Lori Oczkus
Consultora de alfabetización

**Dana Lambrose,
M.S.N., P.M.H.N.P.**
West Coast University

Basado en textos extraídos de *TIME For Kids*. *TIME For Kids* y el logotipo de *TIME For Kids* son marcas registradas de TIME Inc. Utilizados bajo licencia.

Créditos de publicación

Dona Herweck Rice, *Jefa de redacción*
Conni Medina, *Directora editorial*
Lee Aucoin, *Directora creativa*
Jamey Acosta, *Editora principal*
Lexa Hoang, *Diseñadora*
Stephanie Reid, *Editora de fotografía*
Rane Anderson, *Autora colaboradora*
Rachelle Cracchiolo, M.S.Ed., *Editora comercial*

Créditos de imagen: portada, pág.1 Alamy; pág.10 Corbis; pág.31 Getty Images/Ikon Images; pág.9 (arriba) National Geographic Stock; pág.15 (arriba) AFP/Getty Images/Newscom; pág.23 (abajo a la derecha) EPA/Newscom; pág.9 (abajo) imago stock&people/Newscom; pág.16 Reuters/Newscom; págs.10, 19 (arriba) Photo Researchers, Inc.; págs.8, 12–13, 15 (abajo), 19 (abajo), 21, 25, 28–29, 38–39 John Scahill; todas las demás imágenes de Shutterstock.

Teacher Created Materials

5301 Oceanus Drive
Huntington Beach, CA 92649-1030
http://www.tcmpub.com

ISBN 978-1-4333-7093-9

© 2013 Teacher Created Materials, Inc.
Printed in China
YiCai.032019.CA201901471

Tabla de contenido

Extraña biología

Hay mucho más que simples tripas y sangre en el interior del cuerpo humano. Hay gas, cerumen, vómito, pus, mocos y ¡también eructos! De los pies a la cabeza, nuestros cuerpos son maravillosos, ¡y repugnantes!

Hace unos 2,000 años, los científicos comenzaron a explorarlo. Empezaron a **diseccionar** cuerpos humanos. Desde el exterior podemos tener un aspecto bastante aburrido. Pero corta y abre, que dentro encontrarás un mundo más extraño que cualquier planeta.

Anatomía 101

La anatomía humana es la parte de la ciencia que se encarga de la estructura de nuestro cuerpo. Las palabras *anatomía gruesa* no se refieren a las partes del cuerpo que son gruesas. Se refieren a las partes del cuerpo que pueden ser estudiadas con el ojo humano ¡sin un microscopio!

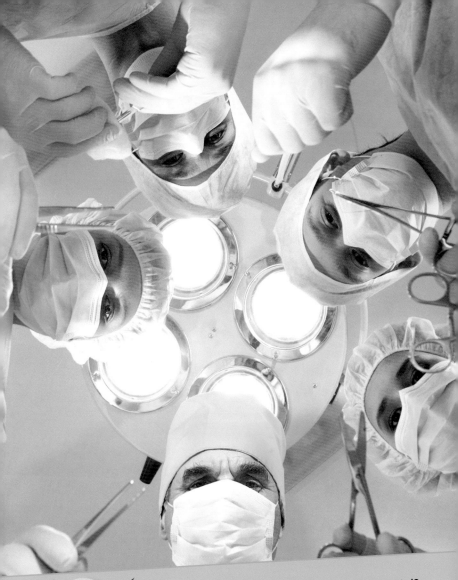

PARA PENSAR

1. ¿Qué hay debajo de nuestra piel?

2. ¿Cómo funcionan las diferentes partes del cuerpo en conjunto?

3. ¿Cómo cambiarían nuestras vidas si nuestros cuerpos fueran distintos?

Huesos y músculos

¿Qué ocurriría si de repente desaparecieran tus huesos y músculos? Te caerías al suelo, incapaz de moverte o de funcionar. Serías un montón de tripas, sangre y piel. La única buena noticia es que no vivirías por mucho tiempo en ese estado.

Todos los animales necesitan un marco estable para poder moverse. Los **órganos** de nuestro cuerpo necesitan ser protegidos. Los peces, los anfibios, los pájaros y los mamíferos tienen todos un esqueleto interno. El esqueleto sostiene los órganos y protege el cerebro. El esqueleto humano está hecho de hueso. Un resistente esqueleto interno sostiene el cuerpo. Nos permite hacer cosas como montar en monopatín o trepar árboles.

Los músculos y los huesos trabajan juntos para sostener el cuerpo.

Cabezas de hueso

Todos los bebés nacen con una parte blanda en el extremo superior de la cabeza. Ahí es donde los huesos del cráneo aún no se han desarrollado para juntarse. En el pasado, la gente intentaba aplanar los cráneos de los niños haciendo presión sobre ellos suavemente contra un tablero. ¡Mala idea!

Suaves movimientos

Los bebés nacen con más de 250 huesos. Con el tiempo, algunos de los huesos se fusionan. Los adultos tienen solo 206 huesos en el cuerpo.

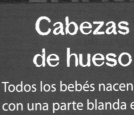

Claramente, nuestros huesos nos mantienen de una pieza. Cuando piensas en huesos, quizá te venga a la mente los huesos secos y duros que habrás visto en algún museo. Pero nuestros huesos están vivos. Crecen y cambian, al igual que el resto del cuerpo. Si se rompe un hueso, el cuerpo es capaz de repararlo. El nuevo hueso une los fragmentos rotos y el hueso reparado puede ser tan fuerte como lo era antes.

Los huesos están compuestos de **calcio** y otros elementos. El calcio es muy resistente. Los **ligamentos** y los **tendones** mantienen a los huesos juntos. Las articulaciones se forman donde se unen los distintos huesos. El codo es una de las articulaciones más utilizadas de todo el cuerpo. Para evitar que los huesos rocen los unos contra los otros, almohadillas de **cartílago** amortiguan las articulaciones. A lo largo del día, el cartílago se encoge. ¡Es por este motivo que somos más altos por la mañana y más bajos por la noche!

Vendado de pies

Durante generaciones, a muchas niñas chinas se les ha vendado los pies. Se les rompían los dedos, se plegaban hacia abajo para después ser vendados. Sucesivos vendados prevenían que los pies crecieran completamente. Las mujeres con pies tan pequeños eran admiradas. Algunas llevaban zapatos de solo tres pulgadas. En la actualidad, el vendado de pies es ilegal.

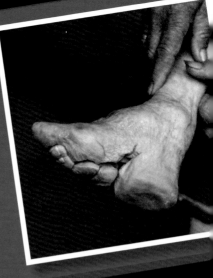

Bonitos huesos

El pueblo de los Padaung, en Tailandia, es famoso por sus mujeres de cuello largo. Las mujeres Padaung llevan anillos de metal alrededor del cuello. Con el tiempo, estos anillos presionan hacia abajo la clavícula y las costillas del pecho. Esto da la sensación de un cuello muy largo, que se considera bonito.

Músculos

Los músculos hacen que el cuerpo humano se pueda mover. Nos ayudan a levantar cajas, hablar y digerir la comida. Los **músculos esqueléticos** son los músculos en los que la mayoría de la gente piensa cuando se habla de músculos. Están ligados al esqueleto mediante tendones y ligamentos. Los **músculos lisos** se utilizan en el **peristaltismo** para empujar la comida a través del cuerpo. El **músculo cardíaco** nunca necesita descansar como los músculos esqueléticos. El único momento en el que tu corazón descansa es entre latidos.

El corazón puede ser el músculo más importante del cuerpo. Pero los **músculos esfínter** lo siguen de cerca. Un esfínter es un músculo liso con forma de anillo. Abre y cierra partes importantes del cuerpo. Un esfínter mantiene la comida dentro del estómago hasta que este lista para continuar su camino. Otro esfínter mantiene los deshechos dentro del cuerpo. Un esfínter dentro del ojo contrae la pupila cuando hay luz brillante.

Pequeño Hércules

Richard Sandrak es conocido como Pequeño Hércules. Cuando era niño, comenzó a entrenarse para competiciones de culturismo y de artes marciales. A los 8 años, pesando 80 libras, podía levantar en press de banca más del doble de su propio peso. ¡Eso es más de 150 libras! Solo recuerda, alzar demasiado peso cuando los huesos y músculos están aún en crecimiento puede ser peligroso. Habla con tu médico o tu profesor de Educación Física antes de comenzar cualquier programa de levantamiento de peso.

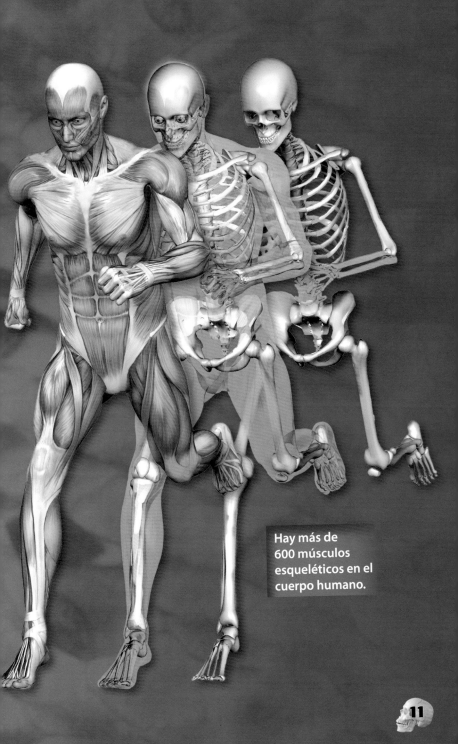

Hay más de 600 músculos esqueléticos en el cuerpo humano.

11

Huesos y músculos

Los médicos estudian **cadáveres** para aprender sobre qué hay bajo la piel. Al diseccionar el cuerpo, descubren cómo funcionan en conjunto las distintas partes del cuerpo. El esqueleto se encuentra en el centro de cada parte, sosteniendo el cuerpo. Los músculos conectan muchas áreas diferentes del cuerpo.

I'm Not Him

Solía ocurrir que los estudiantes de anatomía escribieran mensajes en la mesa, bajo el cadáver. Un estudiante escribió: "Él lo pasó mal, pero nosotros peor".

En la actualidad, la gente permite que sus cuerpos sean estudiados tras su muerte. Pero hace 200 años, la gente no quería donar su cuerpo. Los usurpadores de cuerpos robaban cadáveres de tumbas frescas. Después los vendían a escuelas de anatomía. ¡Entre los castigos para los usurpadores de tumbas, se incluía la disección pública de su cuerpo!

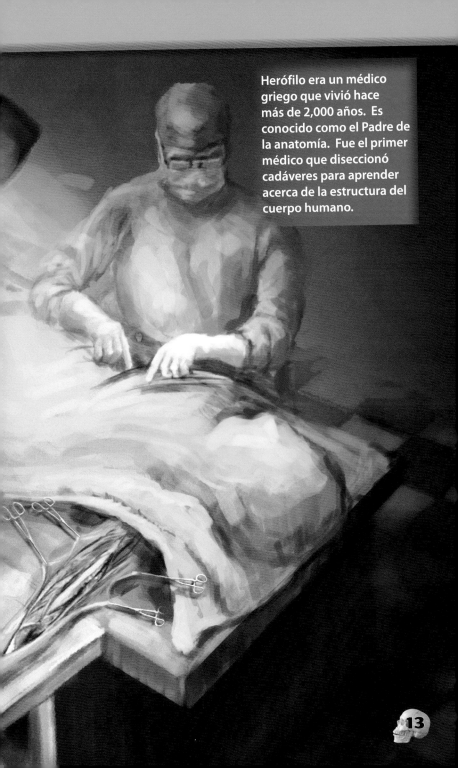

Herófilo era un médico griego que vivió hace más de 2,000 años. Es conocido como el Padre de la anatomía. Fue el primer médico que diseccionó cadáveres para aprender acerca de la estructura del cuerpo humano.

Piel

Las células de la piel trabajan juntas para formar el órgano más grande del cuerpo. La piel actúa como un escudo gigante contra la enfermedad. Cada costra y cada cicatriz son una prueba del duro trabajo que hace la piel. Tu piel protege tu cuerpo de millones de **microorganismos**, incluidas las **bacterias**. Tres millones de **glándulas** sudoríparas de la piel contribuyen a que el cuerpo se mantenga fresco. Sentimos calor, presión y dolor a través de nuestra piel. Y, aceptémoslo, la piel nos hace un poco más agradables a la vista.

Planeta piel

Piensa en tu piel como si fuera un planeta. El tipo de bacterias existentes entre las cejas es diferente del tipo que se encuentra en la punta de la nariz. Algunas áreas de la piel son secas. Otras están rellenas de aceite. Al igual que algunos animales pueden sobrevivir en lugares inhóspitos, como el desierto, solo algunos tipos de bacteria lo hacen en partes secas de la piel. Otras solo sobreviven en partes grasas.

Gemelos de piel

¿Te imaginas compartir la piel con alguien más? Los gemelos unidos comparten piel, además de otros órganos. Algunos gemelos unidos lo están por la cabeza. Otros por partes más bajas del cuerpo. Los médicos están encontrando maneras de separar estos gemelos para que cada uno pueda vivir su propia vida sana.

Capas de la piel

La piel está compuesta por tres capas.

epidermis

dermis

tejido subcutáneo

Trasplantes de cara

En un trasplante de cara se cose el tejido facial de una persona **fallecida** recientemente al paciente con heridas graves. Si la operación se desarrolla bien, el paciente podrá respirar y hablar de manera más clara. Con el tiempo, quizá pueda incluso mostrar expresiones faciales de nuevo. El primer trasplante facial se efectuó en el año 2010.

Antes

Después

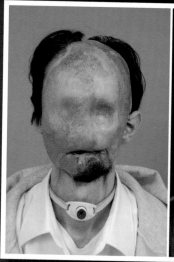

Dallas Wiens se quemó gravemente la cara con un cable eléctrico. Fue la primera persona en los Estados Unidos que recibió un trasplante completo de cara.

Wiens consiguió la inspiración para recuperarse gracias a su pequeña hija.

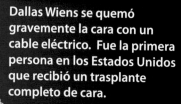

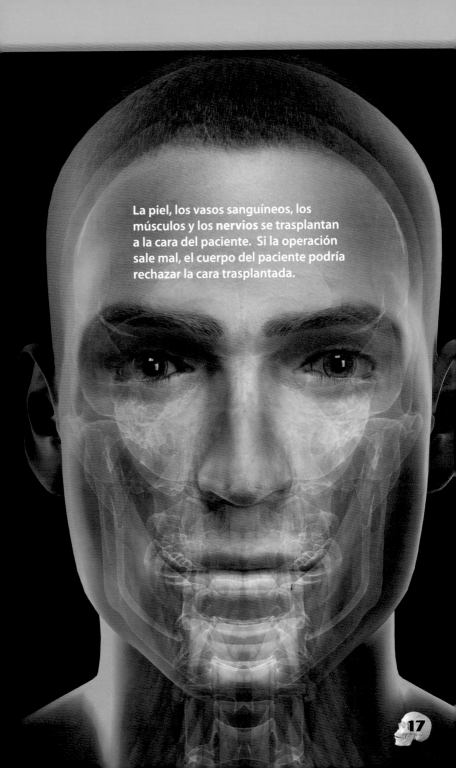

La piel, los vasos sanguíneos, los músculos y los **nervios** se trasplantan a la cara del paciente. Si la operación sale mal, el cuerpo del paciente podría rechazar la cara trasplantada.

Respiración y circulación

Respira, expira. La **respiración** parece un proceso simple. Lo hacemos sin pensar. Ya estemos cantando, caminando, corriendo, o simplemente pensando, estamos respirando a la vez.

Primero el **oxígeno** entra por la nariz o la boca. El oxígeno fluye en los pulmones y pasa a la sangre. Los glóbulos devuelven los deshechos a los pulmones. El **dióxido de carbono** deja el cuerpo en la exhalación. Este simple ciclo es lo que nos mantiene vivos.

¡Respira!

Los nadadores practican manteniendo el aliento para poder permanecer bajo el agua durante más tiempo. Ricardo da Gama Bahia ostenta el récord del mundo. Mantuvo el aliento durante más de 20 minutos. La única manera de hacer esto es con ayuda médica. Da Gama Bahia inhaló oxígeno puro durante 20 minutos antes de la prueba.

¡Poderosa tos!

La tos se produce cuando los pulmones expulsan aire rápidamente y con fuerza por la boca. Miles de pequeñas gotas de saliva salen disparadas en un solo tosido. ¡Algunas de estas gotas pueden volar hasta a 60 millas por hora!

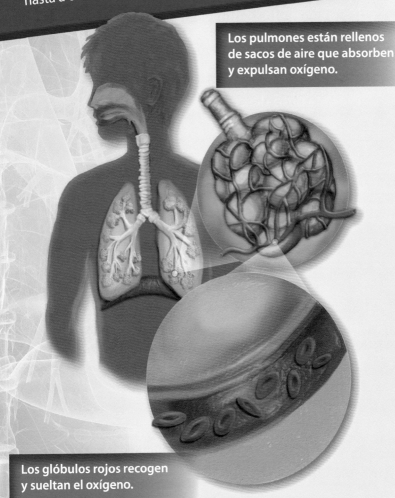

Los pulmones están rellenos de sacos de aire que absorben y expulsan oxígeno.

Los glóbulos rojos recogen y sueltan el oxígeno.

Circulación

El **sistema circulatorio** es la autopista del cuerpo. Los glóbulos rojos actúan como camiones de carga en una ciudad. Transportan oxígeno y **nutrientes** a todos los órganos del cuerpo. El corazón establece el ritmo. Sangre recién oxigenada se mueve desde los pulmones hasta el corazón, donde se envía por todo el cuerpo. Los glóbulos transportan el oxígeno por el cuerpo. Después, regresan al corazón y a los pulmones para descargar el dióxido de carbono. Es el momento de recoger más oxígeno.

Baño de sangre

En el pasado, a menudo, los médicos no sabían tratar a las personas enfermas o con dolor. Creían que el sangrado podría curar a los pacientes porque dejaría salir a la enfermedad. A menudo, se utilizaban sanguijuelas para este proceso. Por desgracia, normalmente solo conseguía debilitar a los pacientes. El sangrado extremo, o la **flebotomía** pueden ser una dolorosa y lenta manera de morir.

El corazón humano puede bombear cinco litros de sangre por todo el cuerpo en tan solo un minuto.

El corazón humano

Los lados derecho e izquierdo del corazón están etiquetados en este diagrama como si el corazón estuviera mirando hacia afuera del cuerpo.

El corazón envía sangre rica en oxígeno al cuerpo.

Los glóbulos sanguíneos transportan el dióxido de carbono de vuelta al corazón y a los pulmones.

aurícula izquierda

aurícula derecha

ventrículo izquierdo

ventrículo derecho

Oro rojo

La sangre se conoce como *oro rojo* por lo valiosa que es. No podemos vivir sin ella. En los Estados Unidos, se necesita una transfusión de sangre para un paciente cada dos segundos. Necesitan sangre de otra persona para sobrevivir. Pueden estar enfermos, o haber perdido sangre en una operación de cirugía o en un accidente. Miles de personas donan sangre todos los años. Su sangre es utilizada en transfusiones para salvar vidas. Esto es lo que ocurre.

1 Una persona sana dona una pinta de sangre. Los donantes deben tener como mínimo 17 años para donar. Donar sangre toma alrededor de una hora.

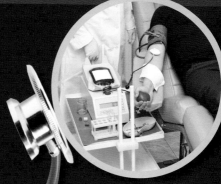

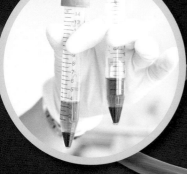

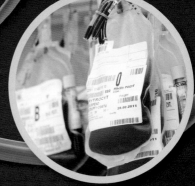

2 La sangre es analizada y procesada. Se separan las diferentes partes de la sangre. Una sola donación puede salvar tres vidas.

3 A cada unidad de sangre se le asigna un código. Esto ayuda a los médicos a encontrarla y a asegurarse de que se mantiene a buen recaudo.

¡ALTO!
PIENSA...

¿Por qué crees que solo el 10 por ciento de la gente dona sangre?

¿Qué otros nombres utilizarías para describir la sangre?

¿Cuál crees que es el paso más importante en este proceso?

4 La sangre se envía a los hospitales de todo el país. Almacenada en refrigeradores, se mantiene a salvo de enfermedades.

5 Cuando un paciente necesita sangre, se le hace una transfusión. La sangre donada se bombea en el cuerpo del paciente. Con el tiempo, el paciente puede recuperar la fuerza suficiente para donar su propia sangre también.

Digestión

La comida que comes y bebes proporciona energía a tu cuerpo. Tu **sistema digestivo** absorbe los nutrientes de la comida. Estos nutrientes viajan a través del sistema circulatorio para alcanzar el resto del cuerpo. Es un largo viaje, pero merece la pena. Estos nutrientes mantienen tu cuerpo en buena salud, le ayudan a crecer y te dan la energía para trabajar y jugar.

Por el camino, ¡puede ser un viaje un tanto feo de la comida a la caca! Una comida normal puede provocar eructos, gases y un terrible aliento. ¡Y una mala comida puede terminar en forma de vómito!

Estoy lleno

¡El intestino grueso mide unos cinco pies de largo! Está enrollado para poder caber dentro de tu cuerpo.

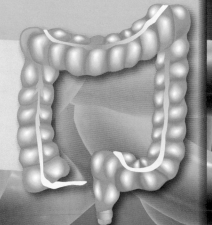

Cómo se convierte la comida en popó

1 La digestión comienza con un solo bocado.

2 Dentro de tu boca, la saliva comienza a disolver la pizza. Mientras masticas, tus dientes trituran la comida en trozos más pequeños.

3 Los ácidos del estómago matan la mayoría de las bacterias. También disuelven todavía más la comida.

4 Esta masa se desplaza al intestino delgado donde se absorben los nutrientes.

5 El intestino grueso disuelve más la comida y absorbe toda el agua restante.

6 Las partes de la comida que el cuerpo no utiliza se convierten en forma de **heces**. Cuando tu cuerpo está listo, ¡los deshechos salen en forma de popó!

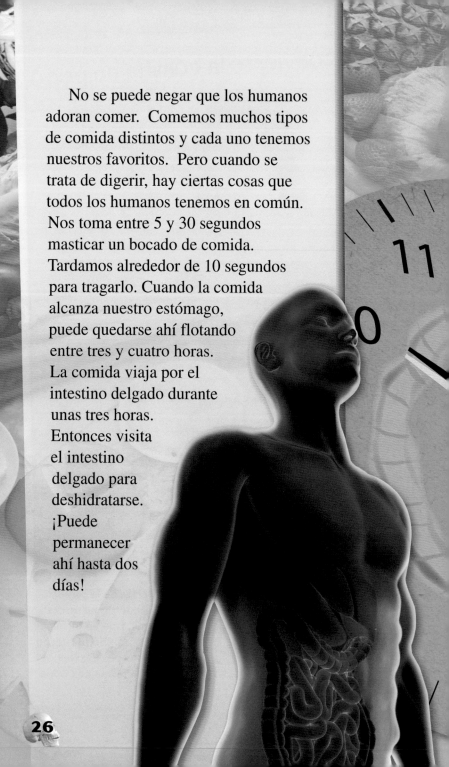

No se puede negar que los humanos adoran comer. Comemos muchos tipos de comida distintos y cada uno tenemos nuestros favoritos. Pero cuando se trata de digerir, hay ciertas cosas que todos los humanos tenemos en común. Nos toma entre 5 y 30 segundos masticar un bocado de comida. Tardamos alrededor de 10 segundos para tragarlo. Cuando la comida alcanza nuestro estómago, puede quedarse ahí flotando entre tres y cuatro horas. La comida viaja por el intestino delgado durante unas tres horas. Entonces visita el intestino delgado para deshidratarse. ¡Puede permanecer ahí hasta dos días!

Tic tac

Las diferentes comidas se disuelven de manera diferente en nuestro cuerpo. Algunas comidas son difíciles de digerir y otras son más fáciles, dependiendo de los nutrientes que lleven. Las comidas que son más fáciles de digerir pasan por el cuerpo rápidamente. Las comidas que son más difíciles de digerir pueden pasar tiempo pudriéndose en el intestino. Pueden tardar días en convertirse en heces.

perejil

1 hora

arándanos

2 horas

brócoli

3 horas

coles de Bruselas

4 horas

hamburguesa

más de 5 horas

La verdad sobre los pedos

Las bacterias que se encuentran en nuestros intestinos nos ayudan a digerir la comida. Mientras trabajan, crean gas. ¡La mayoría de la gente expulsa flatulencias unas 14 veces al día!

La mayoría de los pedos largos son sonoros, pero sin olor. Los pedos más pequeños son menos sonoros ¡pero su olor es más fuerte!

Comidas que provocan gases

frijoles

cebollas

comida frita

brócolis

pavo

bebidas gaseosas

El gas puede tomar hasta 45 minutos para abandonar el cuerpo.

Los eructos se mueven rápidamente.

Flatulencia es el término médico para gas.

Cuando el gas abandona el cuerpo se encuentra a unos calentitos 98.6°F.

Si pudieras viajar al espacio sin un traje y tuvieras una flatulencia tendría suficiente fuerza para empujarte hacia delante.

Gráfico del gas

Un pedo común está compuesto de estos químicos.

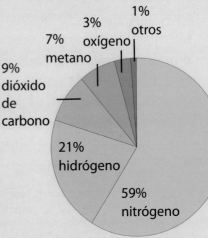

1% otros

3% oxígeno

7% metano

9% dióxido de carbono

21% hidrógeno

59% nitrógeno

Los químicos que provocan que el gas huela componen menos de 1 por ciento de cada pedo.

Los cinco sentidos

Es difícil imaginar la vida sin nuestros sentidos. Nos proporcionan detalles sobre el mundo y nos ayudan a sobrevivir. El sonido se mueve en ondas a través del aire, el agua y otros objetos. La parte externa del oído conduce los sonidos hacia la parte interna. Las ondas de sonido golpean el oído (¡mientras no esté lleno de cerumen!). El cerebro interpreta las ondas de sonido y nos dice lo que estamos oyendo.

¡Lávate esa mugre de los ojos! Es hora de dar a los ojos una nueva imagen. Los ojos recopilan información sobre el mundo. La luz pasa a través del ojo. La **retina**, en la parte trasera del ojo, absorbe la luz. El cerebro da sentido a lo que ven los ojos. Los ojos están situados en el cráneo para que podamos ver a qué distancia se encuentran las cosas. Podemos ver partidos de béisbol, admirar obras de arte y ver a nuestras familias. Las lágrimas mantienen a los ojos hidratados y sanos. Las pestañas protegen a los ojos de dolorosos intrusos, como el polvo y la arena.

Mensajes confusos

Las personas que sufren de **sinestesia** asocian un sentido con otro. Por ejemplo, pueden oír un sonido concreto cuando huelen una rosa. Pueden sentir un sabor a chocolate cuando oyen el sonido de un violín. Muchos asocian un color concreto con un número o letra específicos.

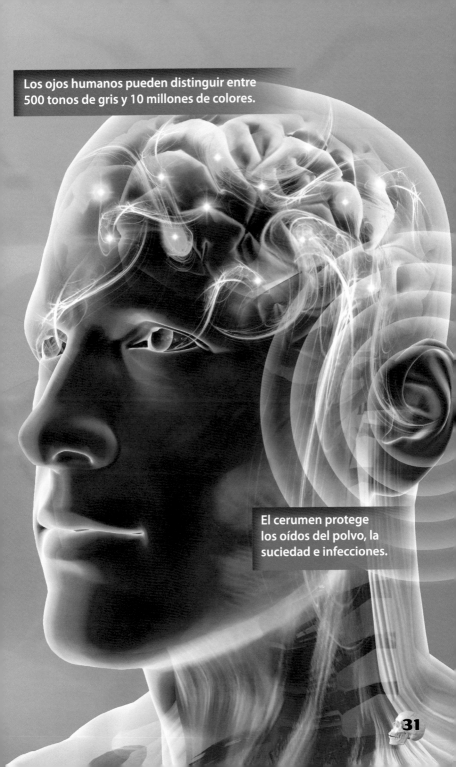

Los ojos humanos pueden distinguir entre 500 tonos de gris y 10 millones de colores.

El cerumen protege los oídos del polvo, la suciedad e infecciones.

La boca humana puede detectar el sabor de comidas, minerales y venenos. Las papilas gustativas se organizan en grupos en la punta de la lengua. Hay cinco sabores básicos: dulce, amargo, ácido, salado y **umami**. *Umami* es una palabra japonesa que significa "buen sabor". Se utiliza para describir algo que tiene un sabor rico y duradero. Algunos quesos, champiñones y carnes tienen este sabor.

Las células especiales del interior de la nariz detectan los productos químicos que se encuentran en el aire. Estas células envían mensajes al cerebro. Los olores pueden ser buenos, como el pastel de manzana o los pinos. O malo, como el pescado podrido o las mofetas. Los malos olores, a menudo advierten de que se trata de algo que puede provocar enfermedades.

Puedes sentir una suave almohada contra tu cara o una piedra afilada bajo tu pie gracias a las terminaciones nerviosas. Los nervios de la piel detectan los **estímulos** como el calor, el frío, o la presión. Las terminaciones nerviosas envían mensajes al cerebro. Estos mensajes protegen al cuerpo del peligro.

El sentido del gusto depende tanto del sentido del olfato que si te taparas la nariz, probablemente no serías capaz de distinguir si estuvieras mordiendo una crujiente manzana o una cebolla cruda.

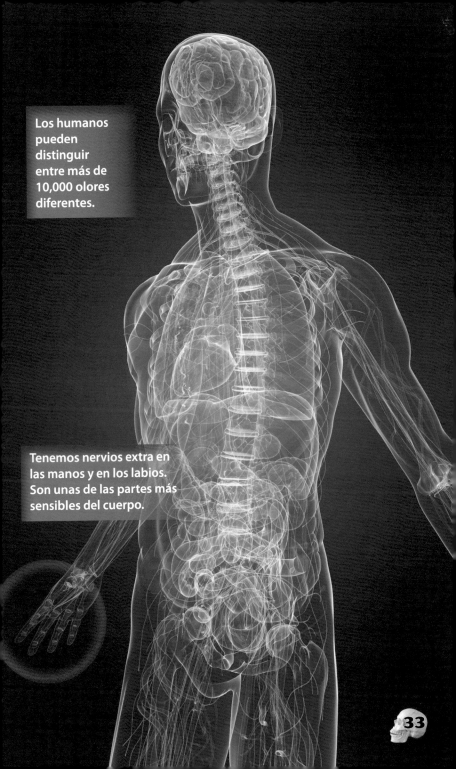

Los humanos pueden distinguir entre más de 10,000 olores diferentes.

Tenemos nervios extra en las manos y en los labios. Son unas de las partes más sensibles del cuerpo.

Engañando al cerebro

Dependemos de nuestros sentidos para comprender el mundo que nos rodea y, normalmente, no nos engañan. Pero de vez en cuando, algo va mal. Nuestros sentidos nos pueden inducir a error. Pueden hacer que creamos algo que no es cierto.

Las ilusiones ópticas están diseñadas para engañar al cerebro. A menudo estos trucos para el ojo están basados en colocar los objetos en relación el uno con el otro. Observa la siguiente imagen. ¿Son las líneas rojas del mismo tamaño? La de la derecha parece más grande, ¿verdad? No lo es. ¡Tu cerebro acaba de ser engañado!

Caer dormido

Estás punto de marcharte al país de los sueños, cuando, de repente, sientes como si estuvieras cayendo y tu cuerpo se sacude hasta despertar. Una teoría es que esta *miclonia nocturna* ocurre cuando tus músculos comienzan a relajarse. Quizá el cerebro interpreta esta relajación como señal de que estás cayendo y alerta al cuerpo para que se levante. ¿Crees que es eso lo que significa "caer" dormido?

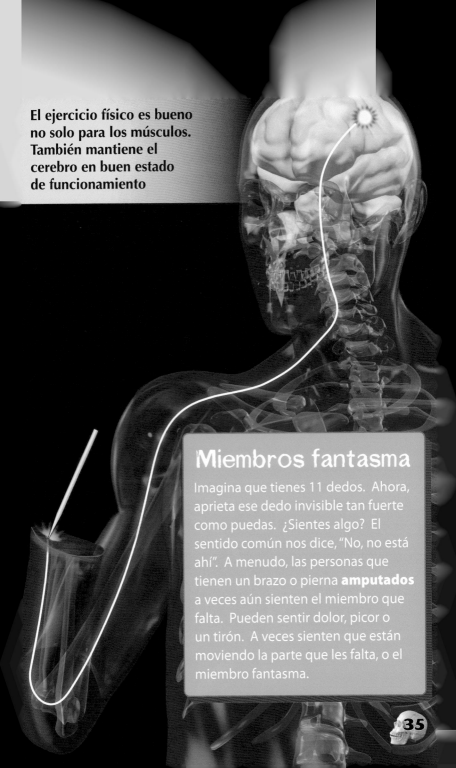

El ejercicio físico es bueno no solo para los músculos. También mantiene el cerebro en buen estado de funcionamiento

Miembros fantasma

Imagina que tienes 11 dedos. Ahora, aprieta ese dedo invisible tan fuerte como puedas. ¿Sientes algo? El sentido común nos dice, "No, no está ahí". A menudo, las personas que tienen un brazo o pierna **amputados** a veces aún sienten el miembro que falta. Pueden sentir dolor, picor o un tirón. A veces sienten que están moviendo la parte que les falta, o el miembro fantasma.

El cerebro

El cerebro se encarga de todo lo que sea pensar. Pero, ¿has pensado alguna vez en el cerebro? El cerebro te ayuda a recordar números de teléfono y sabe como hacerte hablar y caminar. El cerebro humano inventó los ordenadores y el béisbol. Es de donde vienen nuestros sentimientos, sueños y nuevas ideas.

El cerebro es la parte más compleja de nuestro cuerpo. Y es el centro de control para todo lo demás. Este importante órgano recibe información de los nervios. También envía mensajes a otras partes de tu cuerpo. El cerebro controla todos los sistemas del cuerpo. Mantiene el cuerpo en un estado de **homeostasis**.

Si lo tocas, el cerebro parece gelatina sólida.

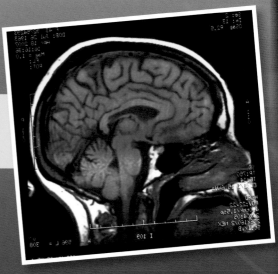

¡Ay!

Los médicos, en la actualidad, saben que el cerebro es frágil. En el pasado, los riesgos de una operación cerebral no eran tan claros (aunque esto no impidió a la gente intentarlo). Se han encontrado muchos cráneos antiguos con agujeros. Estas brutales operaciones se practicaban para tratar dolores de cabeza, la epilepsia y la enfermedad mental.

Hay quien dice que el cerebro es gris. Otros dicen que parece rosa, verde ¡o incluso azul!

Dos cabezas son mejor que una

El cerebro humano está compuesto de dos **hemisferios**. Cada lado controla el lado opuesto del cuerpo y es responsable de distintos tipos de pensamientos. Una gruesa banda de nervios conecta los dos lados del cerebro. Esto permite que ambos hemisferios compartan la información.

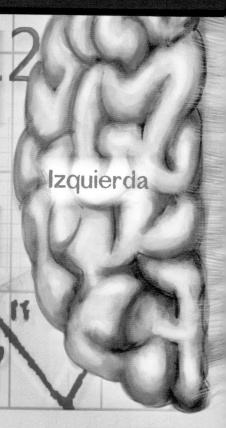

El lado izquierdo del cerebro controla el lado derecho del cuerpo. Este lado del cerebro nos ayuda a hablar, tomar decisiones y analizar hechos.

Izquierda

Si eres diestro, lo más seguro es que seas "zurdo de cerebro".

Los "zurdos de cerebro" son, a menudo, lógicos y se concentran en los detalles.

Al igual que eres diestro o zurdo, la mayoría de las personas tiene una parte del cerebro que es más fuerte que la otra.

El lado derecho del cerebro es bueno para las actividades manuales, las artes y para escuchar música.

Derecha

Si eres zurdo, lo más seguro es que seas "diestro de cerebro".

Los "diestros de cerebro" son considerados artísticos e interesados en las grandes ideas.

Cuerpo humano 2.0

El cuerpo humano ha construido ciudades gigantes, vehículos que pueden volar y bellas obras de arte. Los humanos han ido al espacio y viajado a las profundidades del océano. Nuestros cuerpos nos permiten levantar enormes pesos, sentir emociones maravillosas y tener nuevas ideas brillantes.

Tenemos que viajar grandes distancias para explorar nuevos planetas, pero el estudio de la anatomía gruesa nos permite ver los extraños paisajes del interior de nuestro propio cuerpo sin ir a ninguna parte. ¡Podemos vernos de dentro a fuera, literalmente!

Todas las partes trabajan juntas

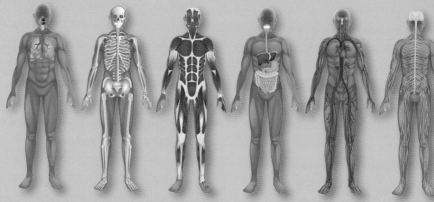

| Pulmones | Huesos | Músculos | Sistema digestivo | Corazón | Cerebro y nervios |

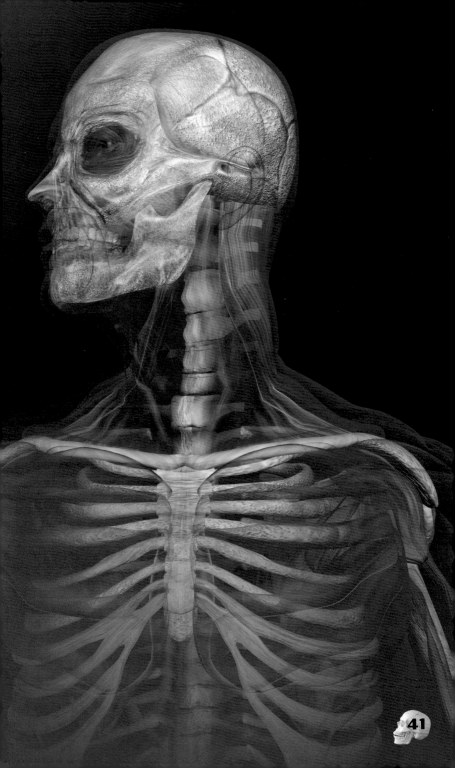

41

Glosario

amputados: cortados

bacterias: minúsculas formas de vida unicelulares

cadáveres: cuerpos muertos y diseccionados para ser estudiados

calcio: el material del que están hechos los huesos

cartílago: un tipo de tejido conectivo sólido y flexible

dióxido de carbono: un deshecho creado por las células durante la respiración

diseccionar: cortar para abrir algo y examinarlo

estímulos: sucesos o cosas que causan una reacción de los seres vivos

fallecida: que ya no está viva

flebotomía: la práctica de abrir una vena y dejar salir la sangre con la esperanza de curar una enfermedad

glándulas: órganos que segregan productos químicos

heces: deshechos sólidos que son eliminados del cuerpo

hemisferios: mitades del cerebro

homeostasis: un estado de estabilidad en el que los sistemas del cuerpo están funcionando correctamente

ligamentos: bandas de tejidos que conectan huesos o mantienen los órganos en su lugar

microorganismos: seres vivos muy pequeños que solo se pueden ver con un microscopio

músculo cardíaco: un músculo especial que compone el corazón

músculos esfínter: músculos con forma de anillo que cierran una apertura del cuerpo

músculos esqueléticos: tejidos musculares que están conectados al esqueleto

músculos lisos: tejidos musculares que se contraen sin control voluntario

nervios: células que transmiten señales al cerebro o a la medula espinal

nutrientes: elementos necesarios para la vida y la salud

órganos: partes del cuerpo que efectúan funciones específicas

oxígeno: un elemento que se encuentra en el aire y que hace posible la vida

peristaltismo: contracciones de los músculos que mueven la comida a través del sistema digestivo

respiración: la acción o el proceso de respirar

retina: el área trasera del interior del globo ocular que absorbe la luz

sinestesia: una condición que incluye una sensación (como un color) diferente del que está siendo estimulado (como un sonido)

sistema circulatorio: el sistema de un cuerpo que incluye el corazón y los vasos sanguíneos

sistema digestivo: el sistema del cuerpo que convierte la comida en nutrientes y deshechos

tendones: bandas de tejido que conectan músculos a los huesos

umami: una palabra japonesa utilizada para describir uno de los sabores básicos que es rico y duradero

Índice

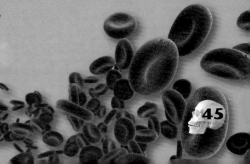

Bibliografía

Daynes, Katie and Colin King. *See Inside Your Body.*
Usborne Books, 2006.

Aprende de forma práctica. Levanta las solapas de este libro de anatomía
y descubrirás los caminos que siguen la digestión y la respiración.

Gould, Francesca. *Why You Shouldn't Eat Your Boogers
and Other Useless or Gross Information About Your Body.*
Tarcher, 2008.

Organizado por sistemas, este libro está repleto de datos impresionantes
sobre la anatomía humana. ¿Sabes como hacen sus necesidades los
astronautas en el espacio?

Green, Dan and Simon Basher. *Basher Science:
Human Body: A Book with Guts.* **Kingfisher, 2011.**

En este libro se explican las células, el ADN, los huesos, los músculos y
otros órganos en detalle colorido y fácil de recordar.

Jankowski, Connie. *Investigating the Human Body.*
Teacher Created Materials, 2008.

Averigua qué características comparten los 7,000 millones de humanos
en el planeta. Este libro explica cómo los científicos estudian el cuerpo
humano.

Más para explorar

Mutter Museum
http://www.collegeofphysicians.org/mutter-museum

Este museo médico fuera de lo común incluye partes del cuerpo preservadas, como el cerebro de Einstein y muestras de enfermedades y medicinas.

Body Worlds: The Original Exhibition of Real Human Bodies
http://www.bodyworlds.com

Estas muestras incluyen secciones cruzadas del cuerpo humano y sus partes utilizando un procedimiento desarrollado por Gunther von Hagens llamado *plastinación*. Las exposiciones viajan por todo el mundo. Comprueba el programa en línea para averiguar si visitará una ciudad próxima a ti.

KidsHealth
http://kidshealth.org/kid

Este sitio web contiene películas, juegos, recetas y diccionarios médicos que cubren todos los sistemas principales del cuerpo.

MEDtropolis: Home of the Virtual Body
http://www.medtropolis.com

Este sitio web tiene como objetivo educar a niños y adultos con las últimas informaciones sobre salud, incluyendo utilidades como calculadoras de salud, salud infantil y el cuerpo virtual.

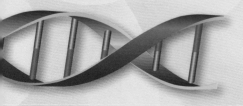

Acerca del autor

Timothy J. Bradley creció cerca de Boston, Massachusetts y pasó todo su tiempo libre dibujando naves espaciales, robots y dinosaurios. Le gustaba tanto que comenzó a escribir e ilustrar libros sobre historia natural y ciencia ficción. Le encanta crear nuevas criaturas basadas en animales reales y extraños. Timothy también trabajó como diseñador de juguetes para Hasbro, Inc., diseñando dinosaurios a tamaño natural para exposiciones en museos. Como artista, ha estudiado la anatomía humana durante muchos años. Timothy vive en el soleado sur de California con su esposa e hijo.

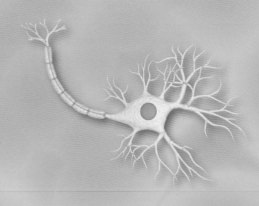